CATALOGUE

DE

TABLEAUX ANCIENS

DES DIVERSES ÉCOLES

COMPOSANT LA

COLLECTION DE M. S. D. V.

Dont la vente aux enchères publiques aura lieu

HOTEL DROUOT

SALLE Nº 4

Le Mercredi 6 Mai 1874

A DEUX HEURES

Mᵉ DELBERGUE-CORMONT, Commissaire-Priseur,
rue de Provence, 8,

Assisté de **MM. DHIOS** et **GEORGE**, Experts, rue Le Peletier, 33.

EXPOSITION PUBLIQUE

Le Mardi 5 Mai 1874, de une heure à cinq heures.

PARIS — 1874

Ve RENOU, MAULDE ET COCK

IMPRIMEURS DE LA COMPAGNIE DES COMMISSAIRES-PRISEUR

Rue de Rivoli, 144

CATALOGUE

DE

TABLEAUX ANCIENS

DES DIVERSES ÉCOLES

COMPOSANT LA

COLLECTION DE M. S. D. V.

Dont la vente aux enchères publiques aura lieu

HOTEL DROUOT

SALLE N° 4

Le Mercredi 6 Mai 1874

A DEUX HEURES

Mᵉ **DELBERGUE-CORMONT**, Commissaire-Priseur,
rue de Provence, 8,

Assisté de **MM. DHIOS** et **GEORGE**, Experts, rue Le Peletier, 33.

EXPOSITION PUBLIQUE

Le Mardi 5 Mai 1874, de une heure à cinq heures.

PARIS — 1874

CONDITIONS DE LA VENTE

Elle sera faite expressément au comptant.

Les Adjudicataires paieront CINQ POUR CENT, en sus des enchères, applicables aux frais.

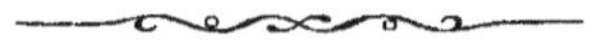

DÉSIGNATION

DES

TABLEAUX

ALBANE (D'après l')

1 — Le Triomphe de la Terre.

Toile. — H. 68 c. L. 83 c.

ARELLANO (Juan de)

2-3 — Vases de fleurs et fruits. Deux pendants.

Toile. — H. 84 c. L. 64 c.

AVERCAMP, dit STOMME

4 — Les Patineurs.

Monogramme du peintre, formé des lettres A. V. S.

Bois. — H. 37 c. L. 69

BOL (FERDINAND)

5 — Diane et ses Nymphes au bain.

Tableau d'un effet remarquable
Signé des initiales.

Toile. — H. 68 c. L. 86 c.

BOUCHER (D'après)

6 — L'Abreuvoir.

Toile. — H. 72 c. L. 53 c.

BRUANDET

7 — Petit Paysage.

Bois. — H. 25 c. L. 34 c.

CANTARINI

8 — Cléopâtre faisant dissoudre une perle.

H. 69 c. L. 52 c.

CARRACHE (ANNIBAL)

9 — La Tentation de saint Antoine.

Toile. — H. 50 c. L. 40 c.

COURTOIS (Guillaume)

10 — Tobie faisant enterrer les morts.

Esquisse.

Toile. — H. 47 c. L. 56 c.

COYPEL (Attribué à)

11 — Jupiter, sous la figure d'un satyre, et la nymphe
Antiope.

Toile. — H. 55 c. L. 67 c.

CUYLENBURGH

12 — Diane et Calisto.

Signé A. Van Cuylenborch, 1652.

Bois. — H. 27 c. L. 34 c.

DOMINIQUIN (Attribué au)

13 — La Vérité dégagée des ténèbres par le Temps.

Toile. — H. 1 m. 14 c. L. 86 c.

FRAGONARD (Alexandre)

14 — Vésale et sa femme.

Toile. — H. 75 c. L. 61 c.

FRANCK (École des)

15 — Jésus devant les docteurs.

Cuivre. — H. 18 c. L. 15 c.

16 — La sainte Famille dans un intérieur.

Cuivre. — H. 18 c. L. 16 c.

GALARD (De)

17 — La Grisette bordelaise. *signé.*

Toile. — H. 56 c. L. 45 c.

GREUZE (Genre de)

18 — Buste de jeune fille, la tête ornée de fleurs, la gorge à moitié découverte.

Bois. — H. 20 c. L. 17 c.

HOBBEMA (Attribué à MINDERT)

19 — Paysage.

Site accidenté et planté de grands arbres. Sur une route, à gauche, un cavalier et un petit berger. Au second plan, à droite, on aperçoit sur une colline des moutons qui paissent auprès d'une chaumière. *signé M. Hobbema 1667*

Toile. — H. 57 c. L. 75 c.

HOBBEMA (Genre de)

20 — Petit Paysage avec moulin à eau.

Bois. — H. 27 c. L. 36 c.

LACROIX

21 — Petite Marine avec ruines.

Toile. — H. 37 c. L. 48 c.

LAIRESSE (Attribué à G. de)

22 — Vertumne et Pomone.

Bois. — H. 22 c. L. 32 c.

LASTMAN (Peeter)

23 — L'Annonciation.

Signé et daté 1618.

Bois. — H. 59 c. L. 45 c.

LEBRUN (Charles)

24 — Entrée d'Alexandre à Babylone.

Petite réduction, d'une grande fidélité, du tableau du Louvre.
Elle est de même dimension que la gravure de G. Audran et a
vraisemblablement été exécutée pour servir de guide au graveur.

Toile. — H. 66 c. L. 96 c.

LEPRINCE (Jean-Baptiste)

25 — L'Empirique.

Un charlatan, en costume de Turc, fait valoir les vertus de son élixir auprès d'une jeune femme, malade, assise à gauche, dans un fauteuil. Nombreux personnages.

Toile. — H. 56 c. L. 67 c.

MAELLA (D.-P.)

26 — Prométhée, soutenu par Minerve, ravit le feu sacré au char de Phébus, en présence de l'Olympe.

Esquisse avancée du plafond exécuté par le maître au palais royal de Madrid.

Toile. — H. 83 c. L. 1 m. 05 c.

MANGLARD (Adrien)

27 — Le Coup de tonnerre.

Toile. — H. 56 c. L. 84 c.

MARILHAT (Attribué à)

28 — Paysage d'Orient avec figures.

Esquisse.

Toile. — H. 39 c. L. 31 c.

MAZZUOLI (Attribué à), dit le PARMESAN

29 — Le Tailleur d'arcs.

Au dos du tableau est une marque de provenance de la galerie
des successeurs des ducs d'Este.

Toile. — H. 1 m 34 c. L. 75 c.

MONOGRAMME (?)

30 — La Noce de village.

Signé d'un monogramme, formé des lettres J. H. L. S.
enlacées.

Bois. — H. 61 c. L. 96 c.

REMBRANDT (École de)

31 — Portrait d'une dame âgée.

Toile. — H. 70 c. L. 56 c.

ROOS (J. Henri)

32 — Marché de bestiaux.

OEuvre capitale de l'artiste. Sur les premiers plans, grande
affluence de marchands, d'acheteurs et quantité de bœufs,
moutons, chèvres, cochons, ânes. Au milieu, groupe d'enfants.
Au fond, des ruines antiques.

Toile. — H. 84 c. L. 1 m. 35 c.

SWANEVELT (Herman)

33 — Grand Paysage : Dessous de bois.

Toile. — H. 73 c. L. 90 c.

TAUNAY

34 — Un Naufrage.

Toile. — H. 57 c. L. 85 c.

VERDIER (François)

35 — La Foi, l'Espérance et la Charité.

Bois. — H. 39 c. L. 51 c.

VERNET (École de J.)

36 — Les Pêcheurs.

Toile. — H. 45 c. L. 36 c.

INCONNU

37 — Grand Paysage.

Reproduction de moindre dimension et avec de grandes variantes du tableau de Wynants du Louvre ; elle semble avoir été peinte par un artiste français de la fin du siècle dernier.

Toile. — H. 92 c. L. 1 m. 21 c.

ÉCOLE FRANÇAISE

38 — Cuisinière se préparant à couper des légumes.

Toile. — H. 61 c. L. 49 c.

ÉCOLE FRANÇAISE

39-40 — Les grands Parents : le grand-père et deux enfants,
la grand'mère et trois enfants.

Ces deux tableaux ou pendants rappellent certaines œuvres
de la jeunesse de Ary Scheffer.

Toile. — H. 33 c L. 26 c.

ÉCOLE FRANÇAISE

41 — Le Repas d'Emmaüs.

Esquisse.

Toile. — H. 34 c. L. 26 c.

ÉCOLE FRANÇAISE

42 — Zéphire et Flore.

Toile. — H. 58 c. L. 75 c.

ÉCOLE FRANÇAISE

43 — Vénus et l'Amour.

Toile. — H. 53 c. L. 77 c.

ÉCOLE FRANÇAISE

— 44 — Portrait présumé du comte de Clermont.

Portrait d'une exécution très-fine et très-savante.

Toile ovale. — H. 61 c. L. 50 c.

ÉCOLE ALLEMANDE

45 — Tête de vieillard.

Bois. — H. 22 c. L. 19 c.

ÉCOLE ALLEMANDE

— 46 — Saint Roch.

Bois. — H. 16 c. L. 10 c

ÉCOLE HOLLANDAISE

47 — Paysage.

Barques sur une rivière. A gauche, des arbres et des chaumières. A droite, l'église d'un village.

H. 51 c. L. 66 c.

ÉCOLE HOLLANDAISE

— 48 — L'Écrivain.

Toile. — H. 36 c. L. 40 c.

ECOLE ESPAGNOLE

49 — Chaudron et Vaisselle.

Toile. — H. 20 c. L. 26 c.

ÉCOLE ESPAGNOLE

50 — Madone de Séville.

Cadre sculpté.

Toile. — H. 56 c. L. 42 c.

ÉCOLE ESPAGNOLE

51 — Portrait d'une dame du temps de Philippe V, avec
son enfant portant des fleurs.

Toile. — H. 1 m. 09 c. L. 86 c.

ÉCOLE ESPAGNOLE

52 — Le Christ aux jardin des Oliviers.

Cette curieuse peinture avec nimbes dorés et gravés, semble
appartenir à l'École primitive de Tolède. Elle est divisée en
deux compartiments : le principal en haut, c'est la scène de
Gethsémani ; celui du bas représente le pesage des âmes opéré
par saint Jean et l'archange Michel. Ces deux parties sont en-
cadrées d'un entourage d'arabesques d'or sur fond noir et de
neuf médaillons représentant des scènes de la Passion.

Bois. — H. 99 c. L. 67 c.

ÉCOLE ITALIENNE

53 — Le Martyre de saint Étienne.

Toile.   H. 55 c. L. 46 c.

ÉCOLE ITALIENNE

54 — Mariage mystique de sainte Catherine.

Bois. — H. 70 c. L. 54 c.

ÉCOLE ITALIENNE

55 — Vierge, de style primitif florentin.

Cuivre. — H. 21 c. L. 17 c.

ÉCOLE ITALIENNE

56 — La sainte Famille.

La Vierge tient sur ses genoux l'Enfant Jésus, à qui le petit saint Jean offre une pomme.

Bois. — H. 69 c. L. 56 c.

ÉCOLE MODERNE

57 — Marine : Soleil couchant.

Toile. — H. 34 c. L. 50 c.

Vᵉ RENOU, MAULDE et COCK, impⁱˢ de la Compagnie des Commissaires-Priseurs,
rue de Rivoli 144.   43070

www.ingramcontent.com/pod-product-compliance
Lightning Source LLC
LaVergne TN
LVHW010854180726
843502LV00010B/3903